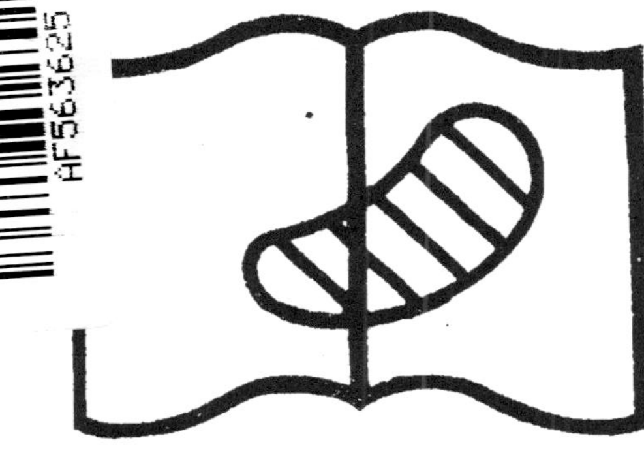

Illisibilité partielle

Contraste insuffisant
NF Z 43-120-14

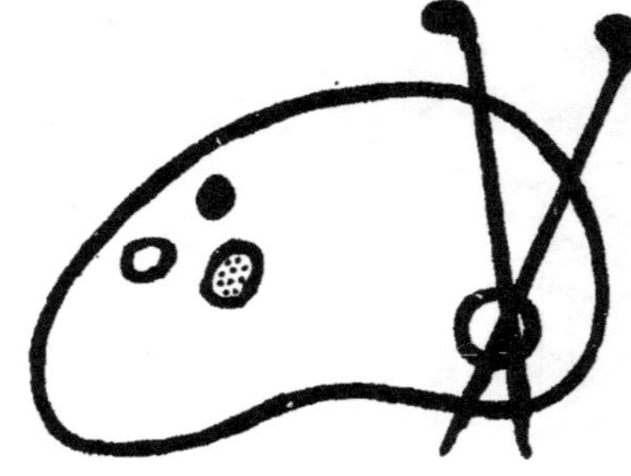

Original en couleur

NF Z 43-120-8

Couverture inférieure manquante

LES

TARIFS DES CHEMINS DE FER

ET

L'AUTORITÉ DE L'ÉTAT

PAR

M. LÉON AUCOC

MEMBRE DE L'INSTITUT

PARIS

DUNOD, ÉDITEUR

[illegible]

[illegible]

[illegible], quai des Grands-Augustins, [illegible]

1880

LES

TARIFS DES CHEMINS DE FER

ET

L'AUTORITÉ DE L'ÉTAT.

EXTRAIT DU COMPTE-RENDU

De l'Académie des sciences morales et politiques

(INSTITUT DE FRANCE)

PAR M. CH. VERGÉ,

Sous la direction de M. le Secrétaire perpétuel de l'Académie.

LES

TARIFS DES CHEMINS DE FER

ET

L'AUTORITÉ DE L'ÉTAT

PAR

M. LÉON AUCOC

MEMBRE DE L'INSTITUT.

PARIS

DUNOD, ÉDITEUR

LIBRAIRE DES CORPS DES PONTS ET CHAUSSÉES,
DES MINES ET DES TÉLÉGRAPHES,
49, quai des Grands-Augustins, 49.

1880

LES

TARIFS DE CHEMINS DE FER

ET

L'AUTORITÉ DE L'ÉTAT.

Quand on étudie le régime des chemins de fer français sans tenir compte de quelques dérogations qui viennent d'y être faites à titre provisoire, on voit que le législateur a soigneusement combiné, dans ses différentes parties, l'action de l'État et celle de l'industrie privée, de façon à assurer l'accomplissement de ce grand service public en utilisant à la fois les deux forces et en donnant des garanties à tous les intérêts.

Chez d'autres peuples, on a laissé à l'initiative privée beaucoup plus de liberté, d'influence et de responsabilité, ou bien au contraire on a donné à l'État une prépondérance qui tend à faire disparaître l'industrie privée. Le choix entre ces deux systèmes a été dicté, soit par le génie propre des peuples et leurs habitudes en matière d'administration publique, soit par des circonstances politiques toutes spéciales.

On sait que l'Angleterre et les États-Unis de l'Amérique du Nord ont abandonné la construction et l'exploitation des chemins de fer à l'initiative privée au moyen de concessions perpétuelles, qu'on y a vu s'organiser des concurrences sans limites qui ont entraîné souvent d'immenses ruines pour les actionnaires et les obligataires sans que le public en tirât un profit définitif et que si, dans ces derniers temps, en Angleterre, l'État s'est appliqué à exercer un contrôle sur l'exploitation, ce contrôle est loin d'avoir l'efficacité et l'étendue de celui que le gouvernement exerce en France, surtout en ce qui touche l'établissement et la modification des tarifs.

D'autre part, le système de construction et d'exploitation des chemins par l'État, inauguré en Belgique et en Allemagne concurremment avec le système des concessions temporaires faites à l'industrie privée, s'est développé de plus en plus dans ces dernières années. La réforme des chemins de fer allemands, motivée en apparence par des considérations économiques, est évidemment inspirée, avant tout, par la pensée de consolider l'unité de l'empire en plaçant dans les mains de l'autorité impériale la gestion de ces grandes voies de communication.

Nous n'avons pas en ce moment l'intention de comparer la législation française à ces diverses législations étrangères. Ce n'est pas que ces études ne nous paraissent d'une grande utilité. Loin de là. Rien ne peut être plus profitable que la connaissance des législations étrangères, à la condition toutefois que cette connaissance soit complète, qu'on s'applique à rechercher les antécédents, les raisons d'être des règles en vigueur, à bien préciser leur véritable portée, sans oublier les exceptions, enfin à constater les résultats qu'elles ont produits.

Mais il y a une condition au moins aussi essentielle pour que les études de législation comparée portent tous leurs fruits, c'est que la législation française soit également bien connue dans ses antécédents, dans ses raisons d'être, dans sa véritable portée et dans ses effets.

Nous avons fait autrefois ce travail sur les combinaisons successivement adoptées pour la construction du réseau français, nous avons montré la part de l'État et des compagnies concessionnaires dans cette grande œuvre. On oublie trop facilement, quand on juge aujourd'hui le passé, combien les conditions du crédit public se sont modifiées depuis soixante ans, quelles ont été les difficultés, les crises financières et politiques, les alternatives d'engouement et de découragement en face desquelles se sont trouvés ceux qui ont assumé la responsabilité de réunir les capitaux énormes, nécessaires à cette entreprise. C'est après de très-longues discussions sur les avantages et les inconvénients de l'action de l'État et de l'action de l'industrie privée que le législateur français a pris le parti de concéder les chemins de fer à des compagnies et qu'en même temps, il leur a donné le concours du trésor public sous la forme de participation aux travaux, de subventions en argent ou d'avances remboursables à titre de garantie d'intérêt. Nous avons exposé ailleurs les phases diverses et les éléments de ces discussions (1). Ce n'est pas le lieu d'y revenir. Aussi bien ceux-là même qui critiquent le plus vivement les combinaisons auxquelles la France doit son réseau actuel et qui n'admettent pas qu'on les emploie désormais pour le développer, reconnaissent souvent que ces combinaisons ont rendu, en leur temps, de grands services.

Il nous paraît plus opportun d'étudier les conditions dans lesquelles l'État contrôle l'exploitation des chemins de fer et de constater, d'après les documents parlementaires et les précédents de l'administration, quelle est l'étendue de l'autorité qui lui appartient.

(1) *Des moyens employés pour constituer le réseau des chemins de fer français et en particulier des conventions relatives à la garantie d'intérêt et au partage des bénéfices* (1874). — Voir aussi le tome III des *Conférences sur le droit administratif, faites à l'École des Ponts-et-Chaussées*, où ce travail est reproduit avec des développements nouveaux.

I

Il y a une partie de cette autorité qui ne soulève pas de difficultés ni au point de vue du droit ni au point de vue économique, et sur laquelle nous n'avons pas besoin d'insister, c'est celle qui concerne l'exploitation technique. Non-seulement l'État s'est réservé dans le cahier des charges le pouvoir de fixer, au début de l'entreprise, le tracé de la ligne et l'emplacement des stations, d'approuver à toute époque les projets des travaux, de veiller à leur entretien, et même d'y pourvoir d'office en cas de négligence (1); mais, en outre, un règlement d'administration publique, en date du 15 novembre 1846, confère au gouvernement, et spécialement au ministre des travaux publics, des pouvoirs très-étendus pour agrantir la sécurité publique et assurer un service qui satistasse les intérêts légitimes. C'est le matériel, locomotives et voitures, c'est la voie avec les aiguilles, les passages à niveau, c'est la composition, le nombre, la circulation des trains, les heures de départ et d'arrivée, la durée du trajet, et tous les signaux qui donnent lieu à des vérifications, des autorisations, des prescriptions des agents de l'État. Et d'autre part, les Compagnies, responsables de la bonne exécution du service, responsables des accidents qu'une grande prudence ne réussit pas toujours à éviter, s'ingénient sans cesse à répondre aux besoins nouveaux qui se produisent, s'attachent à mettre en pratique les combinaisons et les appareils qui peuvent donner des moyens efficaces de prévenir les accidents, varient les essais, expérimentent les divers procédés qui ont quelque valeur et, par leur émulation, arrivent à de bons résultats. C'est ce qu'atteste un rapport tout récent, en date du 8 juillet

(1) Articles 1er, 3, 5, 9, 27, 30. 33 et 34 du cahier des charges.

1880, présenté au ministre des travaux publics, par M. Guillebot de Nerville, inspecteur général des mines, au nom d'une commission d'enquête composée des hommes les plus compétents (1).

Le concours de l'État et de l'industrie privée dans l'exploitation commerciale, c'est-à-dire dans l'établissement et la modification des tarifs, fait naître des questions plus délicates.

Il ne faut pas s'étonner de la vivacité et de la persistance des discussions auxquelles a donné lieu la question des tarifs des chemins de fer, de leurs inégalités, de leurs complications. Que d'intérêts divers y sont engagés ! L'intérêt du consommateur, l'intérêt des producteurs qui se font concurrence et sont loin d'être d'accord entre eux, l'intérêt du chemin de fer qui doit tendre à réaliser des recettes en servant le mieux possible les producteurs et les consommateurs, l'intérêt des entrepreneurs de transport qui exploitent des voies concurrentes : chemins de fer, navigation maritime, navigation fluviale, enfin l'intérêt des ports de mer qui peut réclamer, au nom des relations internationales, des avantages dont se plaindraient d'autres ports, ou les producteurs français. Il est bien difficile, quelle que soit la solution adoptée, qu'il n'y ait pas un des intérêts en cause qui ne se trouve lésé et, si l'on doit toujours chercher le mieux, il est douteux qu'on arrive à faire disparaître toutes les plaintes.

L'intérêt du consommateur est d'avoir la plus grande abondance possible de produits et le prix le plus bas.

Le producteur, outre qu'il est consommateur pour les matières premières qu'il emploie, a le même intérêt pour les produits qu'il crée ; mais il peut se trouver des producteurs dans des situations très-diverses, les uns en possession d'un

(1) *Journal officiel* du 8 août 1880.

marché et désirant éviter les concurrences, les autres placés loin des marchés, empêchés de développer leur industrie par suite de la cherté des transports antérieurement à l'établissement du chemin de fer, désirant, à la faveur des voies nouvelles, mettre en valeur des capitaux jusque là stériles et étendre le plus possible leurs débouchés.

L'intérêt du chemin de fer, avons-nous dit, est de réaliser des recettes pour couvrir ses frais d'établissement et d'exploitation en servant le mieux possible les consommateurs et les producteurs. Cet intérêt, il faut bien le remarquer, existe soit en totalité, soit en partie, que le chemin de fer soit exploité par un concessionnaire ou par un fermier ou par l'État. On n'a pas vu jusqu'ici un chemin de fer transportant gratuitement les voyageurs et les marchandises. Sans doute l'État, en France, n'exige plus, depuis longtemps, de péage pour la circulation sur les routes, et il vient de supprimer les droits de navigation sur les canaux qu'il exploite; il a par suite renoncé à percevoir une redevance pour amortir le capital d'établissement ou payer les frais d'entretien de ces voies publiques. Mais pour les chemins de fer, la situation n'est pas la même. D'abord le capital, à l'amortissement duquel il s'agirait de renoncer, est bien plus considérable que celui qui a été consacré à l'établissement des routes et des canaux : il s'élève actuellement à 10 milliards, et l'on pourrait trouver cette charge écrasante pour les finances publiques. Ensuite, aux frais de construction viennent s'ajouter ici les frais d'exploitation au moyen d'un matériel spécial, et personne ne peut songer à mettre à la charge des contribuables des dépenses motivées par les besoins propres de ceux qui profitent des transports et en recueillent les bénéfices.

Quoi qu'il en soit de ce qu'un État pourrait faire, et ces questions ont donné lieu à de vives controverses en Belgique à l'occasion de relèvements de tarifs décrétés par le gouvernement (1), on ne peut contester qu'une Compagnie concessionnaire ait le droit, et on peut dire le devoir, pour être en état de remplir ses obligations, de chercher à obtenir des recettes.

Est-ce à dire que l'intérêt du chemin de fer soit généralement en désaccord avec ceux du consommateur et du producteur ? Non. Assurément il y a, dans la nécessité pour l'un de faire des bénéfices, une limite aux réductions de tarif que les autres pourraient désirer. Mais parmi les procédés qui tendent à augmenter les recettes figurent, au premier rang, dans une gestion intelligente, les abaissements de tarifs qui sont de nature à amener un accroissement du trafic. Les concessionnaires sont donc poussés par leur propre intérêt à ne pas maintenir les taxes au-dessus du chiffre que la marchandise peut payer.

Tantôt ces abaissements répondront à la situation de l'ensemble du trafic dans la région desservie et pourront, par conséquent, être accordés sans condition et profiter à tout le monde. Tantôt, au contraire, l'intérêt des concessionnaires ne naîtra que de circonstances spéciales à certains transports, soit qu'ils aient à craindre de voir ces transports leur échapper si

(1) Le discours prononcé à ce sujet par M. Graux, ministre des finances, à la Chambre des représentants, dans la séance du 20 avril 1880, est très-intéressant à étudier. Il établit que, de 1873 à 1879, le compte des chemins de fer de l'État belge se solde par une insuffisance de recettes annuelle qui est en moyenne de cinq millions de francs, et qu'il faut pourvoir à ce déficit par un relèvement des tarifs ou par une augmentation des impôts.

Déjà une première réforme des tarifs des voyageurs essayée en 1866, l'abaissement du prix des transports à longue distance, avait produit une perte de plusieurs millions, qui avait amené le gouvernement belge à renoncer, en 1871, à ce système.

les réductions ne sont pas faites, soient qu'ils puissent se contenter d'un prix moindre, parce que l'exploitation devient plus économique quand les marchandises voyagent à de longues distances, qu'elles fournissent la charge d'un wagon complet ou qu'elles utilisent un matériel retournant à vide. Dans ce cas ils seront conduits, pour des parcours déterminés et sous des conditions diverses, à faire aux marchandises qu'ils cherchent à attirer sur leurs lignes, l'avantage de ne pas tenir un compte exact de la distance à parcourir. Toutefois ces abaissements, qui donnent satisfaction aux consommateurs et à certains producteurs, peuvent soulever des réclamations de ceux qui ne jouissent pas des mêmes avantages et qui sont troublés dans leur ancienne situation.

A plus forte raison, ces abaissements peuvent-ils exercer une influence sur les intérêts des entrepreneurs de transport qui exploitent des voies concurrentes, soit d'autres lignes de chemin de fer, soit des services de cabotage ou de batellerie fluviale. Pour satisfaire ce dernier groupe d'intérêts, il faudrait que le chemin de fer maintînt ses taxes au plus haut prix possible. Toute diminution leur nuit. Et cependant il y a dans la lutte entre les divers moyens de transport une partie incontestablement légitime, de l'aveu de tous, et qui doit profiter au public. S'il n'en était pas ainsi, tout progrès serait arrêté et il faudrait renoncer à établir des chemins de fer à côté des fleuves et des canaux. Mais n'y aurait-il pas des inconvénients à ce que la lutte fût poussée jusqu'à l'anéantissement d'un des concurrents, si celui qui resterait maître du terrain pouvait faire ensuite la loi au commerce?

Les intérêts des ports de mer peuvent aussi être en rivalité et solliciter des avantages égaux pour être en mesure de se disputer l'importation ou l'exportation des marchandises. Ils peuvent, d'autre part, pour faire concurrence aux ports étrangers, avoir besoin d'abaissements de tarifs qui favorisent le transit des marchandises à travers la France. Ce transit est, en effet, pour nos ports et pour notre marine, une source de bénéfices dont l'importance ne saurait être méconnue, et l'intérêt des chemins de fer s'accorde avec celui des ports, puisqu'ils obtiennent ainsi un trafic que leur enlèverait la navigation ou les chemins de fer des pays étrangers.

Telle est la variété des intérêts en cause dans l'établissement ou la modification des tarifs de chemins de fer. Quand on y regarde de près, on peut être moins étonné que l'on n'ait pas encore trouvé une solution simple pour concilier tant de prétentions opposées, pour satisfaire tant de besoins contraires et pour introduire un nouvel élément, d'une si grande puissance, dans l'organisation des moyens de transport sans modifier les situations acquises.

II

Dès les premiers temps de la création des chemins de fer, les Chambres et le Gouvernement ont très-nettement aperçu l'influence considérable que les tarifs de chemins de fer pouvaient exercer sur l'industrie et le commerce. En même temps qu'ils admettaient que la faculté de disposer des tarifs et de les faire varier était un des éléments essentiels de la rémunération due aux concessionnaires, ils ont tenu à prendre les précautions nécessaires contre l'abus qui pouvait être fait de cette faculté et ils ont, indépendamment des règles imposées par le cahier des charges, réservé à l'État une action considérable en cette matière comme dans les autres branches du service. Il ne manquait pas d'esprits absolus qui croyaient éviter toutes les difficultés, soit en interdisant la modification du tarif fixé par le cahier des charges sans l'autorisation du législateur, soit en imposant l'application exactement proportionnelle du tarif selon la distance parcourue sans aucune exception. Quelle que soit l'époque à laquelle cette thèse ait été soutenue, sous le gouvernement de Juillet 1830, sous la République de 1848, sous l'Empire, sous le gouvernement actuel, jamais elle n'a triomphé dans les Assemblées parlementaires. On a toujours reconnu que, pour supprimer une inégalité qui était représentée comme un mal, ce système faisait disparaître une partie considérable des services que les chemins de fer sont appelés à rendre en développant la production et la consommation, ce qui était un autre mal, et que l'intérêt général du pays exigeait dans le maniement des tarifs de chemins de fer une certaine élasticité sous le contrôle du gouvernement.

En posant la règle de l'égalité entre les expéditeurs, le législateur a toujours autorisé l'exception, et organisé la surveillance des tarifs exceptionnels ou spéciaux.

Ainsi, les cahiers des charges établissent ce principe que « la perception des taxes doit se faire indistinctement et sans « aucune faveur (1). » Mais le même article reconnaît à la compagnie « la faculté d'abaisser, avec ou sans conditions, « soit pour le parcours total, soit pour les parcours partiels « de la voie de fer, au-dessous des limites déterminées par le « tarif maximum, les taxes qu'elle est autorisée à percevoir. » Toutefois ces abaissements sont subordonnés à la condition que les taxes ne peuvent être relevées qu'après un délai de trois mois au moins pour les voyageurs et d'un an pour les marchandises, de façon à empêcher des relèvements brusques qui troubleraient les conditions du commerce et à prévenir des abaissements temporaires qui n'auraient pour but que

(1) Article 48 du cahier des charges imposées à toutes les Compagnies depuis 1857.

de désorganiser les entreprises de transports rivales des chemins de fer. D'autre part, toute modification de tarif, soit abaissement, soit relèvement, doit être portée à la connaissance du public un mois à l'avance par des affiches et les tarifs modifiés ne peuvent être perçus qu'avec l'homologation du Ministre des travaux publics.

Dans les cahiers des charges primitifs, antérieurs à 1857, on donnait, en outre, aux compagnies, la faculté d'accorder des réductions de prix à certains expéditeurs, mais en réservant à l'administration le droit de déclarer la réduction applicable, sans condition, à tous les expéditeurs. Cette combinaison, connue sous le nom de traités particuliers, a été supprimée en 1857.

Tout le système de la législation sur l'homologation des tarifs peut se résumer en quelques mots. Aux concessionnaires appartient l'initiative, au Gouvernement, un droit de veto. L'initiative aux mains des compagnies leur permet de chercher les combinaisons les plus productives en même temps que les plus satisfaisantes pour la masse des intérêts engagés. Le véto, aux mains du Gouvernement, lui permet d'empêcher les combinaisons abusives qui léseraient l'intérêt public et blesseraient l'équité.

Il importe de préciser ce système et de constater ses effets. Il a été battu en brèche de deux côtés opposés. Les textes dans lesquels il est écrit n'ont pas, sur tous les points, une netteté suffisante. Tantôt les compagnies, méconnaissant la différence qui sépare le régime des chemins de fer français du régime des chemins anglais et américains, ont soutenu que le pouvoir du gouvernement n'avait pas toute l'étendue qu'il lui attribuait. Tantôt ceux qui trouvaient insuffisantes les garanties prises contre les abus des tarifs différentiels ont prétendu que le gouvernement doutait de son pouvoir et n'en avait pas fait un usage efficace. Mais toutes les controverses ont abouti à mieux mettre en lumière la législation et les garanties qu'elle donne.

Le texte de l'article 48 du cahier des charges n'est pas le seul qui établisse la nécessité de l'homologation du Ministre des travaux publics pour les taxes perçues par les concessionnaires de chemins de fer. L'ordonnance du 15 novembre 1846, portant règlement d'administration publique sur la police, la sûreté et l'exploitation des chemins de fer, contient plusieurs articles qui développent cette règle. L'article 44 pose ce principe : « qu'aucune taxe, de quelque nature qu'elle soit, ne pourra être perçue par les compagnies qu'en vertu d'une homologation du Ministre des travaux publics. » Il ne s'agit plus ici seulement des modifications des tarifs. Il s'agit de toute taxe, même de celles qui sont l'application pure et simple du tarif maximum inscrit dans le cahier des charges. L'article 49 prévoit les changements des tarifs. Il faut le citer textuellement parce que les mots ont ici une importance particulière. « Lorsque la compagnie voudra apporter quelques changements aux prix autorisés, elle en donnera avis au Ministre des travaux publics, aux préfets des « départements traversés et aux commissaires royaux (aujourd'hui les inspecteurs généraux du contrôle). Le public « sera en même temps informé, par des affiches, des changements soumis à l'approbation du Ministre. A l'expiration « du mois à partir de la date de l'affiche, lesdites taxes pourront être perçues si, dans cet intervalle, le ministre des « travaux publics les a homologuées. Si des modifications à « quelques-uns des prix autorisés étaient prescrites par le « ministre, les prix modifiés devront être affichés de nouveau « et ne pourront être mis en perception qu'un mois après la « date de ces affiches. »

Nous avons laissé de côté les articles 46 et 47 parce qu'ils sont relatifs à diverses taxes non comprises dans le tarif du cahier des charges et aux frais accessoires, tels que ceux de chargement, de déchargement, et de magasinage que le ministre a, d'après les conventions, le droit de fixer lui-même, sur la proposition de la compagnie.

Au sujet des tarifs proprement dits quelle est la situation respective du Ministre et de la Compagnie ?

C'est à la Compagnie seule, qu'il appartient de prendre l'initiative des changements. Le cahier des charges dit formellement : « dans le cas où la Compagnie jugerait convenable d'abaisser... les taxes qu'elle est autorisée à percevoir » et l'article 49 de l'ordonnance de 1846 dit, de son côté : « lorsque la compagnie voudra apporter quelques changements aux prix autorisés.... (1). »

Quant au ministre, il lui appartient, d'après le cahier des charges, d'homologuer, et l'article 49 de l'ordonnance de 1846, pour caractériser son pouvoir, emploie indifféremment les mots d'homologation, d'approbation, d'autorisation.

Pendant longtemps les compagnies, du moins plusieurs d'entre elles, préoccupées de maintenir leur droit d'initiative, qu'elles considéraient à juste titre comme indispensable au maintien et au développement des recettes sur lesquelles les conventions leur donnaient le droit de compter, ont soutenu que le pouvoir de l'administration supérieure se bornait à vérifier si, en fixant les taxes modifiées, elles ne dépassaient

(1) L'administration ne peut prendre l'initiative d'un tarif que dans le cas prévu par le dernier alinéa de l'article 42 du cahier des charges. Si le prix de l'hectolitre de blé s'élevait sur le marché régulateur à 20 fr. et au-dessus, elle a le droit d'exiger de la Compagnie que le tarif du transport des blés, grains, riz, maïs, farines et légumes farineux, péage compris, ne puisse s'élever au maximum qu'à 0,07 c. par tonne et par kilomètre.

pas le maximum établi dans le tarif légal et ne contrevenaient pas à la disposition du cahier des charges, qui leur interdit de relever, avant un certain délai, les taxes abaissées. Pour écarter les dispositions de l'ordonnance de 1846, plus précises que le cahier des charges, elles soutenaient que ces dispositions étaient sans valeur, que le Gouvernement qui avait fait le réglement du 15 novembre 1846, en vertu de la délégation donnée par les lois du 16 juin 1842 et du 15 juillet 1845, ne devait y insérer que des règles relatives à l'exploitation technique et à la sûreté des transports, mais qu'il n'avait pas le pouvoir de prendre en même temps des mesures relatives à l'exploitation commerciale. Cette thèse était appuyée d'une consultation délibérée par les membres les plus éminents du barreau de Paris. Elles demandaient instamment, en 1850, par une lettre collective adressée au ministre des travaux publics, la suppression des articles 44 à 49 du règlement du 15 novembre 1846. A la même époque, un des administrateurs de la Compagnie d'Orléans, M. Marc, soutenait cette opinion dans l'enquête ouverte par le Conseil d'État, au sujet de la question des tarifs différentiels.

Plusieurs compagnies ont reproduit la même prétention devant la Commission d'enquête, instituée en 1853, et qui avait été chargée de réviser le réglement de 1846; elles l'ont soutenue aussi devant le Conseil d'État, en 1857, au moment où le cahier des charges a été remanié.

Et cependant, à diverses reprises, lorsque, dans les assemblées législatives, des objections s'étaient élevées contre la faculté laissée aux concessionnaires de chemins de fer d'abaisser les tarifs, ce qui pouvait leur permettre de ruiner des entreprises rivales, et de nuire aux intérêts généraux du pays, il avait été répondu que le droit d'homologation des taxes, réservé à l'administration, protégeait le public contre ces abus du monopole. C'était en ce sens que s'étaient prononcés, en 1843, dans la discussion du projet de loi relatif au chemin de fer de Lyon à Avignon, devant la Chambre des pairs, M. le comte Daru, rapporteur, et le Ministre des travaux publics. « On a équivoqué sur le mot homologation, disait M. le comte Daru; qu'est-ce donc que le droit d'homologation, si ce n'est un moyen indirect, mais très-réel d'empêcher des taxes dangereuses? Aucun tarif ne peut être perçu sans l'autorisation du préfet. (On sait que les cahiers des charges postérieurs ont substitué le ministre au préfet). Si la compagnie voulait imposer au public un tarif contraire aux stipulations des statuts, favorable aux uns, défavorable aux autres, le préfet pourrait et devrait refuser son approbation. Il n'a pas le droit d'imposer un taux de péage, mais il a le droit de refuser celui qu'on lui offre. C'est là une arme très-puissante (1). » En 1851, devant l'Assemblée législative, M. le comte Daru reproduisait la même opinion dans la discussion du projet de loi relatif au chemin de fer de l'Ouest (2).

D'autre part, le Conseil d'Etat délibérant au contentieux ayant été saisi en 1853, par un arrêté de conflit, de la question de savoir si les tribunaux de commerce ou les tribunaux civils étaient compétents pour prononcer sur les réclamations auxquelles donnait lieu la légalité des tarifs réduits, avait décidé que les tribunaux étaient incompétents, parce que l'appréciation des avantages et des inconvénients de ces tarifs avait été confié à l'administration. « C'est à l'administration qu'il appartient, dit le décret du 21 avril 1853, sur l'initiative des compagnies et après que le public a été informé par des affiches des changements demandés, d'approuver, en

(1) *Moniteur universel* du 21 juillet 1843 (séance du 20 juillet).
(2) *Moniteur universel* (séance du 12 mai 1851).

vue de l'intérêt général, dans les limites du maximum autorisé par le cahier des charges ou de rejeter les modifications proposées au tarif des perceptions. »

La cour de cassation, de son côté, reconnaissait dans plusieurs arrêts que l'administration avait à cet égard un pouvoir d'appréciation qui ne permettait pas à l'autorité judiciaire de statuer sur la légalité des tarifs différentiels, quand les modifications avaient été régulièrement faites et publiées (1).

Le ministre des travaux publics s'appliqua à terminer cette discussion lorsqu'il fut amené, en 1857, à remanier le cahier des charges des compagnies de chemin de fer pour mettre en harmonie les clauses imposées successivement aux compagnies créées pendant les trente années précédentes. La question avait d'autant plus d'importance que les critiques contre les tarifs différentiels et contre les traités particuliers s'étaient multipliées et donnaient lieu à de nombreuses pétitions que le Sénat, sur le rapport de M. le baron Charles Dupin, avait renvoyées le 16 mars 1856 au Ministre des travaux publics.

La première pensée du Ministre avait été de remanier complétement l'article 48 du cahier des charges, de ne plus employer le mot d'homologation qui prêtait à l'équivoque et de stipuler expressément qu'aucune espèce de modification ne pourrait être apportée aux tarifs autorisés, sans l'approbation préalable de l'administration supérieure. Il stipulait d'ailleurs expressément que cette approbation pourrait n'être donnée qu'à titre provisoire. Le Conseil d'Etat, après avoir entendu les compagnies, crut préférable de maintenir le mot d'homologation en l'expliquant par une référence expresse à

(1) Arr. cassation, 10 janvier 1849. — Arr. Cour d'Orléans, 28 avril 1857. — Arr. cassation 28 décembre 1857 et 8 juin 1859.

l'ordonnance de 1846. « La perception des tarifs modifiés, dit le nouveau texte, ne pourra avoir lieu qu'avec l'homologation de l'administration supérieure, conformément aux dispositions de l'ordonnance du 15 novembre 1846. » La pensée qui a inspiré cette modification est évidente. Les compagnies, qui ont accepté la nouvelle rédaction, ne peuvent plus contester la légalité de l'ordonnance de 1846 et opposer le texte du cahier des charges à celui de cette ordonnance.

Aussi bien les commentaires du nouvel article 48, donnés devant les Chambres, ne peuvent laisser de doutes sur son véritable sens.

Dans une séance du Sénat du 24 avril 1857, à l'occasion d'une pétition relative à des tarifs internationaux sur laquelle M. Larabit avait présenté un rapport tendant à laisser à l'administration le soin d'examiner s'il convenait de faire usage de son droit de contrôle, M. Rouher, alors Ministre des travaux publics, faisait connaître par avance la portée de la rédaction nouvelle qui allait être introduite dans le cahier des charges.

« La question, dit-il, a été l'objet de longues controverses « entre l'administration des travaux publics et certaines « compagnies. Le Conseil d'Etat lui-même a été récemment « appelé à délibérer sur un projet de cahier des charges pro- « posé par le ministère. De sa délibération, aujourd'hui « accomplie, qui commence à devenir la loi des nouvelles « concessions, et qui est acceptée par les compagnies, il ré- « sulte deux faits : le premier, c'est que le mot *homologation* « a toute la valeur du mot *approbation*, et le second, qu'il « appartient à l'autorité supérieure d'examiner les tarifs « proposés par les compagnies de chemins de fer, au point « de vue des besoins généraux du commerce du pays et au « point de vue de la saine équité qui doit présider à ses

« transactions. Ce n'est pas à une simple homologation ou à « une sorte d'enregistrement qu'est réduite l'administration; « elle a un véritable droit d'approbation (1). »

Quand le nouveau cahier des charges fut présenté au Corps Législatif à l'appui des conventions passées avec la compagnie du chemin de fer de Paris à Orléans et les compagnies des chemins de Paris à Lyon et de Paris à la Méditerranée, les explications réclamées par la commission du Corps Législatif et données par le Gouvernement furent des plus précises. Le sort des tarifs spéciaux était lié à la reconnaissance du pouvoir d'arbitrage qu'entendait exercer le Gouvernement. Le rapport présenté par M. Lequien, à la séance du 20 mai 1857, met bien en lumière toute l'importance qu'on attachait à la réforme. Il compare soigneusement l'ancienne rédaction de l'article 48 à la nouvelle. Il prend acte de la suppression des traités particuliers qui constituaient des avantages absolument réservés à la grande industrie en subordonnant les réductions de taxes à l'obligation de fournir chaque année un minimum de tonnage. Il ne dissimule pas que les tarifs spéciaux, dont il reconnaît d'ailleurs l'utilité, peuvent encore laisser subsister des inquiétudes ; mais il est rassuré « parce « qu'aucune modification de tarifs ne pourra désormais se « produire sans le consentement du Gouvernement. » Il ajoute que ce qui a paru compléter cette garantie, c'est l'intention du Gouvernement de ne donner à toute modification de tarif, qui lui sera proposée, dans les termes du paragraphe premier de l'article 48 du nouveau cahier des charges, qu'une adhésion provisoire, qui pourra être retirée, si la pratique fait apparaître les inconvénients d'une taxe différentielle.

A la séance du 26 mai 1857, lors de la discussion du même

(1) *Procès-verbaux du Sénat* 1857. T, 1, p. 427 et suiv.

projet de loi, M. Vuillefroy, président de la section des travaux publics du Conseil d'État, commissaire du gouvernement, faisait à cet égard les déclarations les plus formelles. Répondant à des critiques dirigées contre les tarifs différentiels, il disait : « Ici, comme en toutes choses, il y a un danger, l'abus... Le Gouvernement a voulu prévenir ce danger ; il a été stipulé d'une manière plus expresse, dans le nouveau cahier des charges, que nul tarif différentiel ne pourrait être établi sans son homologation. Le Gouvernement restera libre d'apprécier les circonstances où cette homologation devra être accordée. C'est donc là, pour le Gouvernement, une question de conduite, et, pour le public, une garantie sérieuse. » Et l'orateur terminait en citant un cas tout récent dans lequel le Gouvernement avait refusé d'homologuer un tarif différentiel.

A son tour, M. Lacrosse, rapporteur de la commission du Sénat chargée d'examiner le même projet de loi, résumait la situation en quelques paroles très-nettes : « Le Gouvernement, « mettant à l'écart les griefs imaginaires ou exagérés, a fait « cesser quelques tolérances irrégulières et rédiger une for« mule de cahier des charges dégagée des clauses sujettes à « controverse . . . Il ne sera plus loisible à personne de con« tester la portée du mot homologation ; le sens en est fixé. « L'homologation comprend l'approbation, la désapprobation « de tous les tarifs. »

L'accord du Ministre et des Compagnies sur la tarification paraissait à la commission du Sénat la vraie solution d'un problème qui avait partagé les meilleurs esprits (1).

Depuis ces débats solennels, le pouvoir de contrôle, le droit de veto attribué au ministre des travaux publics ne peut

(1) Séance du 9 juin 1857. *Procès-verbaux du Sénat*, t. II, p. 722.

plus être contesté. La jurisprudence de l'administration a été invariable et les Compagnies n'ont jamais attaqué, pour excès de pouvoir, les actes qui refusaient d'approuver des tarifs spéciaux ou qui déclaraient qu'ils ne pourraient être approuvés qu'avec certaines modifications.

On a bien prétendu, dans des discussions récentes, que le ministre avait hésité, à diverses reprises, sur l'étendue de son pouvoir. On a cité une circulaire, en date du 12 août 1865, relative à l'exécution de la loi du 12 juillet précédent sur les chemins de fer d'intérêt local et dans laquelle le ministre explique aux préfets que l'homologation des tarifs, qui leur est déléguée par l'article 2 de cette loi, « a pour objet de s'assu-« rer que les modifications de tarifs proposées par les Com-« pagnies ne constituent aucune dérogation aux dispositions « du cahier des charges. » C'est assurément une indication incomplète et inexacte; mais en quoi ce commentaire de la loi sur les chemins de fer d'intérêt local peut-il réagir sur le contrat passé entre l'État et les Compagnies des chemins de fer d'intérêt général qui ont accepté le cahier des charges de 1857?

On a encore invoqué dans le même sens une lettre du Ministre des travaux publics, en date du 30 avril 1873, adressée à la Chambre de commerce d'Honfleur, en réponse à des réclamations qu'elle avait présentées contre une modification de tarif projetée par la Compagnie de l'Ouest et qui contient une phrase ainsi conçue : « Les Compagnies de chemins « de fer ont la libre disposition de leurs tarifs dans les li-« mites déterminées par le cahier des charges. Dans cette si-« tuation, je ne pouvais refuser ma sanction au projet de la « Compagnie de l'Ouest et je viens de l'homologuer. » Prise isolément, cette phrase semble, en effet, une abdication complète du droit que le ministre s'était attaché à rendre incontestable dans le cahier des charges de 1857. Aussi, avant d'avoir lu la lettre dont elle était détachée, nous étions à peu près certain qu'il y avait là une fausse interprétation. Nous nous en sommes assuré en lisant la lettre dans son intégralité. La Chambre de commerce d'Honfleur demandait en effet, au ministre, à propos d'un tarif pour des transports aboutissant à Dieppe, non pas que ce tarif fût repoussé, mais que le ministre, en l'approuvant, imposât une diminution semblable pour les transports dirigés sur Honfleur et Trouville. La Compagnie de l'Ouest ayant exposé au Ministre qu'un abaissement semblable pour les deux directions ne lui paraissait pas justifié et qu'elle ne croyait pas devoir le proposer, le Ministre avait répondu que la Compagnie était libre à cet égard et qu'il ne pouvait pas lui imposer une diminution à laquelle elle ne consentait pas.

Il est vrai que ce dernier point a été contesté. Dans un discours prononcé à la Chambre des députés, le 20 mars 1877, le Ministre des travaux publics, M. Christophle, affirmant énergiquement le droit du Gouvernement en matière d'homologation de tarifs, et montrant comment il avait été appliqué par ses prédécesseurs et par lui-même, allait jusqu'à dire que, lorsqu'une proposition de changement de tarif lui était soumise, il avait le droit, en vertu du dernier paragraphe de l'article 49 de l'ordonnance de 1846, non-seulement de refuser l'homologation, mais même de prescrire une modification à laquelle la Compagnie n'aurait pas consenti.

C'était aller trop loin et le ministre n'a pas tardé à le reconnaître. Il ne trouvait pas de précédents à l'appui d'une doctrine qui ne tenait pas compte de l'initiative réservée aux concessionnaires et qui les aurait, à coup sûr, détournés de faire aucun changement. Si le ministre ne peut leur imposer des modifications quand ils ne lui en proposent pas, pourquoi pourrait-il leur en imposer à l'occasion d'une proposition qui lui est faite? Sans doute le ministre a le droit de déclarer, de prescrire les conditions auxquelles il entend homologuer un tarif, mais la compagnie a le choix entre deux solutions. Elle peut accepter les conditions faites par le ministre et, dans ce cas, en vertu de l'article 49 de l'ordonnance de 1846, il est procédé à un nouvel affichage du tarif et à une nouvelle enquête pendant un mois. Mais elle peut aussi renoncer complètement à sa proposition et ce fait s'est produit assez fréquemment. Ainsi se concilient les droits respectifs de l'État et des concessionnaires.

III

Nous avons montré comment s'est constitué le pouvoir du gouvernement en matière d'homologation de tarifs de chemins de fer, quelles sont ses raisons d'être, quelle est son étendue. Il faut voir maintenant comment il fonctionne.

L'ordonnance de 1846 et le cahier des charges qui s'y réfère prescrivent la publication des propositions de tarifs par voie d'affiches pendant un mois. Par de nombreuses circulaires qui remontent à 1855 et 1862, et qui ont été renouvelées et complétées en 1875 et 1880, le ministre a organisé cette publicité. Dès 1862, il a en outre prescrit la communication des tarifs proposés aux chambres de commerce. De leur côté, les inspecteurs de l'exploitation commerciale, sous la direction des inspecteurs généraux du contrôle, examinent, conformément aux instructions ministérielles, les raisons invoquées par les compagnies à l'appui de leurs propositions, les résultats que les changements vont produire. Le comité consultatif des chemins de fer concentre tous les éléments de l'instruction et c'est sur son avis et sur le rapport de la direction générale des chemins de fer que le ministre prononce (1).

N'y a-t-il pas là des moyens très-efficaces de contrôler les changements de tarif, et d'écarter des combinaisons qui donneraient lieu à des plaintes légitimes ?

Mais ce n'est pas tout : l'administration a pris, depuis 1857, une précaution qui peut lui permettre de réparer des erreurs dans le cas où, malgré un examen attentif, les conséquences d'un tarif spécial n'auraient pas été aperçues au moment où il est approuvé. Les homologations de ces tarifs n'ont presque jamais été données qu'à titre provisoire; elles pourraient donc, au besoin, être retirées.

Il y a là une mesure qui n'est prévue, il faut bien le remarquer, ni dans le cahier des charges, ni dans l'ordonnance de 1846. L'administration avait songé à introduire dans la nouvelle rédaction du cahier des charges élaborée en 1857 une clause qui lui réservait expressément cette faculté. Elle a renoncé ensuite au remaniement de l'ensemble de la rédaction, et elle s'est bornée à faire à ce sujet, devant la commission du Corps Législatif, chargée d'examiner les conventions passées avec la Compagnie d'Orléans, une déclaration dont le rapporteur, M. Lequien, avait pris acte dans les termes que nous avons déjà rapportés. Elle s'est considérée comme autorisée et engagée à ne plus donner, depuis cette

(1) Le décret du 26 mars 1862 a dérogé à ces règles pour les tarifs de transit et pour les tarifs d'exportation qui répondent à des besoins spéciaux et qui n'auraient aucune efficacité pour combattre la concurrence étrangère s'ils n'étaient pas appliqués d'urgence. Les tarifs de transit peuvent être approuvés la veille de leur mise en vigueur sans avoir été affichés. Les tarifs d'exportation peuvent, sans affichage préalable, être mis en vigueur provisoirement si, dans un délai de cinq jours, à dater de l'arrivée au ministère, le ministre n'a pas notifié à la Compagnie son opposition.

époque, d'homologations définitives pour les tarifs spéciaux.

Nous ne discuterons pas ici la légalité de ce procédé, puisque les compagnies concessionnaires ne l'ont pas contestée. Mais nous ne voudrions pas laisser croire qu'il est absolument conforme aux principes et qu'il pourrait être généralisé. Il y a, en effet, une foule de circonstances, dans notre législation, où les citoyens ont besoin d'une autorisation administrative qui est le fondement d'intérêts considérables. Il ne pourrait pas appartenir à l'administration de donner toujours à ses décisions, par mesure de prudence, un caractère provisoire et de placer ainsi les intérêts engagés dans une situation précaire. Admettrait-on, par exemple, ce procédé pour l'autorisation des établissements industriels classés comme dangereux, incommodes et insalubres ? Il est bon, il est nécessaire de songer à l'intérêt du public et de le protéger contre les inconvénients qu'entraîne le voisinage de ces établissements. Mais trouverait-on des industriels assez imprudents pour construire des usines, les munir de leur outillage et passer des marchés en vue du placement de leurs produits si l'autorisation n'était que provisoire ?

Du moins, il aurait été utile que, au moment où cette réserve a été introduite dans les actes d'homologation des tarifs, toutes les conséquences en fussent prévues et réglées. D'abord n'aurait-il pas été plus sage de ne pas laisser au caractère provisoire de l'autorisation une durée indéfinie, ainsi que cela est arrivé dans la plupart des cas ? N'eût-il pas mieux valu limiter le temps d'expérience et donner ensuite, après un nouvel examen, un caractère définitif aux tarifs dont l'autorité aurait pu juger, en pleine connaissance de cause, les inconvénients et les avantages ? On peut croire que ce système eût été préférable non-seulement pour les intérêts des chemins de fer, mais pour les intérêts des industries et des commerces qui profitent de ces tarifs et ont besoin de pouvoir faire des calculs à longue échéance. Si des changements importants s'étaient produits dans les faits, l'initiative des compagnies suffisait pour y pourvoir. Du reste les inconvénients n'ont pas été graves jusqu'ici, parce que l'administration a rarement usé de son droit.

Quant aux formalités à suivre pour retirer l'homologation, il faut se référer, ce nous semble, aux règles prévues par le cahier des charges et par l'ordonnance de 1846 pour l'approbation des tarifs. Dira-t-on que l'homologation donnée à titre provisoire peut être retirée immédiatement dès que le ministre se croit certain que le tarif a des inconvénients? Rien ne nous paraîtrait plus contraire aux principes, et même aux intérêts du commerce et de l'industrie. Quand un tarif a été approuvé après l'enquête prévue par l'ordonnance de 1846 et le cahier des charges, après la publication du projet pendant un mois, après l'avis des chambres de commerce, il ne peut être rapporté que dans la même forme. Il est indispensable que tous les intérêts engagés puissent se faire entendre et que la situation, peut-être nuisible à quelques-uns, mais avantageuse à d'autres, ne soit pas changée sans un examen contradictoire.

Il y a plus; si la décision du ministre doit avoir pour effet de relever le tarif, peut-elle être exécutoire avant l'expiration du délai d'un an prévu, pour ce cas, par l'article 48 du cahier des charges? Il ne faut pas dire que ce délai a été imposé aux concessionnaires seuls pour empêcher les abus qu'ils pourraient commettre. Il faut aller au fond des choses; la prescription du cahier des charges a eu aussi pour but d'assurer une certaine stabilité des tarifs et d'empêcher que le commerçant et l'industriel qui auraient fait une opération à long terme, en comptant sur un tarif abaissé, fussent surpris par un brusque relèvement. Cette considération ne conserve-t-elle pas toute sa valeur quand il s'agit du retrait de l'homologation provisoire par le ministre?

D'autre part si, après ces formalités et sauf l'observation de ces délais, l'homologation provisoire est retirée, la situation nous semble être celle-ci : le seul tarif applicable de plein droit est le tarif général approuvé pour l'ensemble du réseau et il appartient aux Compagnies de faire des propositions si elles croient utile de déroger au tarif général. Mais il est bien évident que leur propre intérêt ne manquera pas de leur suggérer des combinaisons nouvelles que le Ministre examinera dans les formes ordinaires. C'est l'application des règles qui président aux rapports de l'État et des Compagnies concessionnaires.

Enfin, dans ces rapports, il y a un élément dont on ne tient pas assez de compte quand on cherche exclusivement à caractériser les droits réciproques des deux parties contractantes, c'est que le désir, le besoin de vivre autant que possible d'accord avec l'État, représentant des intérêts généraux du pays, qui les contrôle, mais qui les défend aussi contre les attaques injustes, conduit nécessairement les Compagnies à faire des sacrifices lorsqu'il ne s'agit que d'apprécier des intérêts et que les principes ne sont pas engagés.

Nous sommes amené ici à étudier les formalités relatives au relèvement des tarifs dans le cas où la Compagnie le proposerait elle-même.

Ce n'est pas, nous devons le dire, que la question se soit fréquemment présentée. Quand on a discuté dans les Chambres sur les dangers que ferait courir au commerce l'anéantissement des services de la batellerie par l'abaissement des tarifs de chemins de fer, on montrait les Compagnies s'empressant, après avoir écrasé toutes les concurrences, de relever les taxes que le commerce devrait subir sans défense. Aussi, dès 1844, dans le cahier des charges du chemin de fer de Nîmes à Montpellier, la Chambre des députés porta à un an, au lieu de trois mois, le délai pendant lequel les taxes établies pour les marchandises ne pourraient être relevées. En fait, les relèvements ont été rares. D'après une publication officielle émanée du Ministère des travaux publics en 1877, il s'est produit à peine une taxe relevée pour cent taxes réduites (1). C'est que la combinaison qui inspirait tant d'inquiétudes et qui a pu se pratiquer en Amérique et en Angleterre n'était pas réalisable dans l'état de la législation française, et que jamais nos Compagnies n'auraient pu songer à soulever les réclamations dont les Compagnies américaines ou anglaises n'ont aucun souci.

Il ne faut pas croire, en effet, que, après l'expiration du délai fixé par le cahier des charges, les Compagnies puissent supprimer, sans formalités, l'abaissement de tarif dont les résultats n'ont pas répondu à leurs espérances. Aucune exception n'a été faite à la règle qui exige, pour les modifications de taxes, une enquête d'un mois et l'homologation du ministre. Le public doit donc être prévenu ; le ministre doit intervenir. Si la Compagnie peut être fondée à soutenir que son cahier des charges ne l'oblige pas à maintenir les taxes abaissées quand le délai d'un an est expiré, les réclamations du public, des Chambres de commerce, les observations du ministre ne peuvent manquer d'exercer une grande influence sur la fixation de la nouvelle taxe, et l'on peut être assuré que les relèvements, qui sont homologués après cette instruction, sont véritablement justifiés par les circonstances.

(1) *Tarifs des chemins de fer*, p. 76.

IV

Venons maintenant aux résultats qu'a donnés jusqu'ici cette organisation. Il ne suffirait pas, en effet, de la juger en principe, indépendamment de l'usage qui en a été fait et l'expérience du passé est bien de nature à éclairer sur les garanties qu'elle peut offrir.

Il y a ici deux points à distinguer. Les adversaires systématiques de la tarification établie par l'initiative des Compagnies et par le consentement de l'État adressent leurs critiques à l'action du Ministre autant qu'aux concessionnaires des chemins de fer : pour eux, tout est à refaire ; nous examinerons bientôt leur opinion. Mais, avant tout, il faut constater les faits.

On n'attend pas de nous assurément une nomenclature des circonstances dans lesquelles les tarifs proposés par les Compagnies n'ont pas été approuvés par le ministre, ni des cas où, sur les observations du Ministre, les Compagnies ont modifié leurs propositions. Nos souvenirs personnels nous en fourniraient un certain nombre; mais une énumération complète ne pourrait se faire qu'à l'aide de recherches extrêmement longues. Aussi bien, elle n'est pas nécessaire. Il suffit et il est plus intéressant de citer plusieurs décisions de principe s'appliquant à des groupes de tarifs et ayant une portée très-étendue.

Ainsi nous avons rappelé que, avant 1857, les cahiers des charges autorisaient les Compagnies à faire des traités particuliers, en laissant au ministre le droit de déclarer que les réductions de tarif accordées dans ces traités seraient applicables, sans condition, à tous les expéditeurs. La combinaison n'était pas bonne ; c'était autoriser à corriger un excès par un autre excès. Le Ministre n'avait pas cru pouvoir aller jusqu'à l'extrême de son droit ; mais il avait largement atténué, dans la pratique, les inconvénients du système qui réservait exclusivement les réductions de tarifs à la grande industrie. Et d'abord, il avait exigé que tous les expéditeurs remplissant les conditions prévues au traité particulier fussent admis à en bénéficier. Mais, de plus, il avait interdit, deux ans avant la suppression de ces traités, la clause qui soulevait les plus vives réclamations, celle qui subordonnait les réductions à l'obligation de fournir un minimum annuel de tonnage et qu'un petit nombre d'industriels pouvaient seuls réaliser.

Quand le nouveau cahier des charges eut supprimé toute espèce de traités particuliers, une autre difficulté grave se souleva au sujet des tarifs dits *d'abonnement*. Les Compagnies trouvaient un avantage considérable à s'assurer des transports réguliers et abondants pour la bonne utilisation de leur matériel. Elles demandaient l'approbation de tarifs d'après lesquels les taxes seraient abaissées pour les expéditeurs qui s'engageraient à remettre au chemin de fer, à l'exclusion de toute autre voie de transport, les marchandises dont ils auraient la libre disposition. On comprend l'émotion de la batellerie. Les tarifs furent autorisés à titre provisoire. Une enquête fut immédiatement ouverte et le ministre, après avoir entendu les Chambres de Commerce, les représentants de la batellerie et les Compagnies, interdit cette combinaison (1).

Voilà des exemples qui montrent bien comment l'administration a compris le devoir qui lui incombait d'empêcher les abus des tarifs spéciaux, sans en faire toutefois disparaître les avantages.

(1) Décision du 25 janvier 1860.

C'est dans le même esprit qu'elle a imposé depuis longtemps, pour tous les tarifs différentiels qui établissent un prix ferme d'une station à une autre, la clause bien connue relative aux stations non dénommées. Il y a, on le sait, deux formes de tarifs différentiels employées suivant les circonstances : tantôt les bases du tarif, décroissant avec la distance, sont fixées pour une ligne ou une direction déterminée, et toutes les stations en profitent sans distinction ; tantôt les deux points qu'il s'agit de réunir, le point de production et le point de consommation, sont seuls désignés avec l'indication d'une taxe à prix ferme. Dans ce dernier cas, les stations intermédiaires non dénommées dans le tarif seraient exposées, si une mesure spéciale n'était prise en leur faveur, à payer un prix plus élevé pour une distance moindre. Cette inégalité, il est vrai, se produit souvent quand on compare les différents réseaux et les différentes lignes d'un même réseau ; elle est la conséquence des tarifs spéciaux qui répondent à des situations particulières, et l'administration n'a jamais cru devoir l'empêcher en principe. Mais quand il s'agissait de la même direction, il semblait plus blessant que les voyageurs ou les marchandises fussent assujettis à payer pour la moitié ou les deux tiers du trajet une somme supérieure à celle qui était due pour le trajet entier. L'administration a exigé l'addition, dans les tarifs à prix ferme, d'une clause qui permet aux stations intermédiaires de profiter du prix réduit stipulé pour la distance entière, s'il leur est plus avantageux que celui du tarif général.

Cette clause elle-même a soulevé certaines difficultés. Elle a parfois empêché des combinaisons utiles, notamment pour les tarifs d'exportation; mais le ministre a cru nécessaire de la maintenir rigoureusement.

Nous pourrions citer encore d'autres mesures qui feraient

ressortir les résultats du contrôle exercé par l'administration sur les modifications des tarifs.

V

Mais ce qui peut être considéré comme utile et efficace, quand on admet le système de la tarification actuelle, n'est plus qu'un palliatif absolument insuffisant aux yeux de ceux qui en contestent les bases et voudraient le réformer de fond en comble.

L'État, dit-on, n'a pas su amener les Compagnies à introduire l'ordre et la clarté dans les tarifs si multiples qu'elles lui ont soumis. Aux quatre classes entre lesquelles le cahier des charges avait réparti les marchandises transportées par la petite vitesse, les Compagnies ont substitué, pour les tarifs généraux, des séries dont le nombre varie entre quatre et sept; par suite, il est très-difficile, quand la marchandise doit passer d'un réseau sur un autre, de trouver le tarif qui lui est applicable. D'autre part, les prix varient suivant les réseaux, lors même que les séries se ressemblent. Pour les tarifs spéciaux, la complication est bien plus grande, elle est pour ainsi dire inextricable; il est impossible de se reconnaître au milieu du dédale des tarifs. Quant aux inégalités, elles sont la loi même des tarifs spéciaux; les situations géographiques sont bouleversées, les courants commerciaux déplacés au gré des Compagnies; le cabotage et la batellerie fluviale sont ruinés par une concurrence déloyale, qui réserve les abaissements de prix aux portions du territoire déjà favorisées par d'autres voies de communication; les tarifs de transit et d'importation accordent des avantages aux marchandises étrangères au détriment des marchandises françaises.

Ce n'est pas ici le lieu d'examiner ces griefs qui remplissent des volumes de documents parlementaires ou administratifs et d'apprécier les réponses non moins volumineuses qu'y ont opposées les Compagnies en justifiant ou en contestant les faits qui leur étaient objectés (1). Nous nous plaçons ici uniquement au point de vue des principes. Nous recherchons si le contrôle de l'État, tel qu'il est organisé, peut donner une protection efficace aux intérêts du public, si ce contrôle a donné effectivement les résultats qu'on en espérait.

Or, à ce point de vue, il faut remarquer que les griefs dirigés contre les tarifs sont loin d'avoir tous la même portée.

(1) Pour nous borner aux plus récents, nous citerons d'abord les rapports faits par M. Dietz-Monnin à la commission d'enquête parlementaire instituée en 1871 et qui ont été déposés sur le bureau de l'Assemblée nationale à la date du 14 mars 1874 et du 2 août 1875. Mais ces rapports ne contiennent que le dépouillement des réponses écrites faites au questionnaire de la commission. Le second rapport annonçait qu'une enquête orale serait ouverte et que les Compagnies de chemins de fer seraient entendues. Cette enquête orale n'a pu avoir lieu. L'administration a mis les Compagnies en demeure de répondre aux griefs énoncés dans ces rapports. Ces réponses ont été imprimées en 1878, par les soins du ministère, parmi les documents réunis pour la commission centrale des chemins de fer par la sous-commission des tarifs.

Une autre enquête a été faite en 1877, par une commission du Sénat. Le résultat en est donné dans un rapport de M. le sénateur Georges, en date du 13 décembre 1878. Les plaintes recueillies dans cette enquête ont été communiquées postérieurement par le ministre des travaux publics aux Compagnies, qui ont toutes fait une réponse détaillée. Celle de la Compagnie de l'Est a été imprimée en 1879.

Dans un rapport déposé à la Chambre des députés le 7 mai 1880, M. Richard Waddington a principalement tracé un plan des réformes que la commission dont il était l'organe trouvait nécessaires. Mais il insiste vivement sur l'inégalité des tarifs spéciaux qu'il fait ressortir dans des documents annexes et des tableaux graphiques dûs au secrétaire de la commission. Cette partie du rapport a soulevé de vives critiques, non-seulement au point de vue des principes, mais au point de vue de l'exactitude des faits.

Il y en a qui peuvent disparaître sans de grandes difficultés et sans modifier les principes actuellement en vigueur.

Ainsi, la diversité qui a été signalée dans les tarifs généraux pour la nomenclature et la classification des marchandises transportées par la petite vitesse a ses inconvénients. Elle complique les recherches et les calculs. On s'est étonné qu'elle n'ait pas disparu depuis longtemps. Mais elle avait ses raisons d'être et elle pouvait être acceptée par ceux qui attachaient plus d'importance à l'abaissement des prix qu'à la simplification des tarifs. Dans les tarifs spéciaux, la réduction est toujours subordonnée à une ou plusieurs conditions. La différence des séries dans les tarifs généraux avait pour but d'accorder des réductions sans aucune condition, sans modification des délais et quelle que fût la quantité transportée, aux marchandises qui, par leur abondance sur un réseau, avaient droit à un traitement plus favorable. Peut-être une partie de ces avantages disparaîtra-t-elle dans une classification uniforme. Quand le ministre des travaux publics nous a chargé de négocier avec les Compagnies, il y a quelques années, pour les amener à s'entendre en vue de réaliser cette réforme qui paraissait désirée par le commerce, l'objection nous a été faite. Néanmoins la réforme est réalisée. Une décision ministérielle, qui remonte au mois de mars 1879, a approuvé le projet de la nouvelle nomenclature. Elle vient de passer dans la pratique par la proposition d'un tarif général commun concerté entre toutes les Compagnies et qui donne les prix du transport d'une gare quelconque d'un réseau à une gare quelconque d'un autre réseau. Ne soulèvera-t-elle pas aussi certaines plaintes ?

Il n'est pas contestable non plus qu'on peut introduire plus d'ordre, plus de méthode dans la classification des tarifs spéciaux. Toutefois, là surtout, il faut procéder avec prudence et ne pas compromettre le fond pour la forme.

Mais les griefs les plus graves sont ceux qui portent sur l'inégalité des tarifs. Or ceux-là, il faut le reconnaître franchement, quand on en fait une question de principe et non une question de mesure, sont en contradiction absolue avec le principe sur lequel la tarification a été fondée dans notre pays depuis la création des chemins de fer, qui a été consacré constamment par les pouvoirs publics et qu'on ne peut dès lors reprocher au gouvernement d'avoir appliqué. Ce principe, c'est que les réductions consenties sur le tarif légal sont commandées par la valeur qu'ont les transports pour les expéditeurs, par la loi de l'offre et de la demande ; le contrôle du Gouvernement, qui intervient pour suppléer la concurrence, peut atténuer les effets de cette loi économique, il ne peut pas la supprimer. Nous n'avons pas besoin de développer ici ces idées ; elles viennent d'être mises en lumière dans un savant travail de M. de la Gournerie, notre confrère de l'Académie des sciences, qui ne saurait être lu avec trop d'attention (1).

Dira-t-on que l'expérience nous a éclairés, qu'il faut résolument changer de principe, placer toutes les industries, tous les commerces de France dans des conditions absolument égales et décider que, désormais, une marchandise transportée sur un point quelconque du réseau français payera le même prix pour la même distance parcourue? C'est là un idéal facile à proclamer et séduisant au premier coup d'œil. Mais n'est-il pas trop simple pour être la solution juste d'un problème aussi compliqué? S'il fait cesser certaines plaintes, n'en fera-t-il pas naître d'autres? Il faut y regarder de près.

(1) *Etudes économiques sur l'exploitation des chemins de fer*, IVe partie. *Essai sur le principe des tarifs.*

Sans doute le législateur a tenu à faire, dans une certaine mesure, une situation égale à toutes les parties du territoire français, lorsqu'il a fixé le maximum du tarif légal au même taux, pour toutes les lignes d'intérêt général, sans tenir compte de la différence du prix de revient entre celles qui sont construites dans les plaines et celles qui sont établies dans les montagnes, sans tenir compte de la différence des revenus suivant qu'elles sont établies dans des pays plus ou moins riches ou dans des contrées plus ou moins stériles. Pour arriver à ce résultat, il a dû imposer des sacrifices très-considérables au trésor public, c'est-à dire à l'ensemble des contribuables, en fournissant aux compagnies des subventions ou des avances à titre de garantie d'intérêt.

Mais faut-il pousser à outrance cette idée de l'égalité lorsqu'il s'agit des abaissements au moyen des tarifs spéciaux?

En examinant les différents intérêts engagés dans la question de l'exploitation des chemins de fer, nous avons fait ressortir que les abaissements de tarif proposés par les compagnies étaient motivés par des circonstances spéciales, se rattachant soit aux besoins de la consommation, soit à ceux de la production, soit aux conditions de l'exploitation, soit à la présence de voies concurrentes. Si l'on prétend établir l'égalité absolue, on arrive à l'un de ces deux résultats : ou bien à l'avilissement général des recettes des chemins de fer ou bien au relèvement général des tarifs. Il y a là deux dangers graves, l'un pour les ressources financières des concessionnaires et même pour celles de l'État qui leur accorde une garantie d'intérêt ou qui voudrait se substituer à elles, l'autre pour le pays, pour les producteurs et les consommateurs.

Des réductions ont été consenties sur certains points pour développer les approvisionnements d'une grande ville, pour créer des débouchés à une exploitation trop éloignée des marchés, pour lutter contre la concurrence de services de navigation fluviale ou maritime, pour attirer dans les ports de mer les marchandises de transit, destinées à l'étranger. Si l'on exige que les taxes réduites soient immédiatement étendues de plein droit à tous les points d'un même réseau et à tous les points du territoire de la France, on impose aux chemins de fer une énorme réduction de recettes qui n'est plus compensée par aucun avantage. La réduction établie dans le tarif spécial avait pour but d'accroître les recettes existantes en accroissant la quantité d'un trafic déterminé ou d'attirer des recettes qui, sans elle, n'auraient pas existé. Les unes pouvaient, par l'augmentation des quantités transportées, donner un produit qui rémunérait à la fois le capital d'établissement et les frais d'exploitation ; les autres n'arrivaient qu'à payer les frais d'exploitation, mais en se joignant à l'ensemble des produits, elles apportaient un appoint qui constituait un bénéfice. Une fois généralisées, ces réductions ne peuvent plus causer que des pertes et, si l'on appliquait partout le minimum, ces pertes ne seraient peut-être pas moindres de cent millions de francs par année.

Or, s'il faut choisir entre un abaissement général et un relèvement général, n'est-ce pas le relèvement qui l'emportera, bien qu'il doive entraîner aussi le sacrifice de certaines recettes ? Mais, dans ce cas, que deviendront les intérêts qui trouvaient un profit dans l'établissement des tarifs spéciaux ? Car enfin ces tarifs, qui soulèvent des réclamations de certains côtés, donnent des satisfactions d'un autre côté.

Prétendra-t-on par exemple, généraliser l'abaissement exceptionnel demandé avec instance par les ports de commerce pour les marchandises de transit qui ne procurent au chemin de fer qu'une faible rémunération ? Le chemin de fer sera obligé d'y renoncer. Par suite le transit sera sacrifié ;

nos ports de commerce perdront leurs bénéfices. Les marchandises étrangères n'en arriveront pas moins par d'autres voies économiques à leur destination, et les marchandises françaises n'y auront rien gagné.

Croirait-on du moins servir les intérêts de l'industrie et de l'agriculture françaises en relevant les tarifs d'importation, qu'on a cherché à rendre impopulaires sous le nom de tarifs de pénétration? On a prétendu en effet que certains d'entre eux faisaient disparaître, en totalité ou en partie, la protection accordée aux produits français par les tarifs de douane. Mais s'il est établi que la navigation maritime et fluviale introduit les marchandises étrangères dans l'intérieur du pays (et les consommateurs sont loin de s'en plaindre), moyennant un prix de transport égal ou inférieur à la taxe des chemins de fer, que restera-t-il de ces critiques? Les tarifs d'importation peuvent être relevés; les chemins de fer perdront alors une partie de leurs recettes. Mais on n'empêchera pas les produits étrangers de pénétrer en France dans les mêmes conditions, à moins qu'on n'interdise aussi les tarifs différentiels à la batellerie et au cabotage, à moins qu'on ne les oblige à fixer le frêt et le nolis en proportion de la distance parcourue.

Appliqué aux tarifs intérieurs, le relèvement troublera profondément les intérêts des producteurs et des consommateurs. Les marchés de consommation perdront une partie de leurs approvisionnements, qui n'arrivaient que grâce à l'abaissement des prix. Certaines industries éloignées des marchés ne trouveront plus le placement de leurs produits. Et le relèvement des prix de transport entraînera en même temps la hausse du prix des marchandises rapprochées des marchés, qui ne subiront plus de concurrence, tandis qu'il entraînera la dépréciation des produits placés à une grande distance de leurs débouchés.

On dira peut-être que le trouble apporté dans les intérêts par le rétablissement de l'égalité répare une injustice causée par le système actuel de tarification qui a lui-même troublé beaucoup de situations acquises. Mais est-il bien certain que l'inégalité actuelle des tarifs constitue une injustice?

On trouve inique par exemple, que le chemin de fer, établi auprès d'un canal ou d'un fleuve sur lequel la batellerie fonctionne activement ou voisin d'une ligne de cabotage maritime, abaisse ses prix à peu près au niveau de ceux de la navigation, tandis qu'il les maintiendra à un taux plus élevé sur les points où il n'a pas à subir de concurrence. Veut-on que les prix soient relevés uniformément? La batellerie et le cabotage seront très-satisfaits; mais le chemin de fer n'aura plus de transports sur certains points et la navigation restera maîtresse du terrain. Était-il bien utile de dépenser tant d'argent pour créer cette voie de communication perfectionnée, si elle ne doit rien changer à l'ancien état de choses? Érigera-t-on en loi que le chemin de fer doit subir toutes les concurrences et les contempler dans une majestueuse immobilité, sans jamais pouvoir lutter et chercher à prendre sa part du trafic?

La justice exige-t-elle, au contraire, que les tarifs soient uniformément abaissés? Et pourquoi? L'égalité n'existait pas, avant l'établissement des chemins de fer, entre les pays de plaine sillonnés par des routes nombreuses, où les services de roulage étaient bien organisés, traversés par des rivières ou des canaux et les pays montagneux, éloignés des voies navigables et dans lesquels la circulation sur les routes était souvent difficile. Est-ce que la valeur des terres, des usines, des mines, n'était pas très-différente dans ces différente régions? Pour apprécier les bénéfices que le chemin de fe apporte aux unes et aux autres, il ne faut pas comparer le tarifs actuels entre eux, il faut comparer, dans chacune des régions, les anciens prix de transport aux prix nouveaux. Et si l'on fait ce rapprochement, on verra que les prix du chemin de fer, qui paraissent relativement élevés, apportent dans les pays autrefois peu favorisés des bénéfices plus considérables que les prix réduits dans les pays qui jouissaient depuis longtemps de voies de communication perfectionnées. D'ailleurs, aussitôt que le trafic comporte des tarifs spéciaux, ils sont organisés sur ces points du territoire comme sur les autres.

L'inégalité est donc dans la nature des choses. La société peut et doit en atténuer les effets; elle n'a pas le devoir de la faire disparaître. L'État multiplie en ce moment les travaux de chemins de fer, il crée de nouveaux canaux de navigation, il perfectionne les ports maritimes. Tous ces travaux diminueront les inégalités entre les différentes parties du territoire, ils en laisseront subsister beaucoup.

Que le système actuel ait ses inconvénients, qu'il comporte des réformes sur certains points, nous en convenons. Le système de l'égalité universelle ne nous paraît pas commandé par la justice et il aurait des inconvénients bien plus graves.

Il est temps de nous arrêter; nous n'avions pas la pensée d'aborder l'examen de la réforme des tarifs des chemins de fer. Nous ne nous sommes proposé que de rechercher l'influence qu'exerce l'État, dans la législation actuelle, sur les modifications de tarifs.

On a bien des fois, dans la chaleur des polémiques engagées contre le régime de nos chemins de fer, allégué que le commerce et l'industrie de la France étaient livrés sans défense à la discrétion de concessionnaires investis d'un monopole. Il nous paraît établi que notre législation ne mérite pas un semblable reproche. Sans doute les compagnies concessionnaires ont une influence considérable sur la formation des tarifs dont elles prennent l'initiative. Mais le gouvernement est armé d'un droit de contrôle très-étendu qui lui permet (l'expérience l'a prouvé) d'empêcher les erreurs ou les fautes des compagnies et de les amener au besoin à des réformes sages, de nature à satisfaire à la fois leurs intérêts et ceux du pays. Il est vrai qu'il n'a pas la disposition absolue des tarifs, et qu'il ne peut pas, de sa propre autorité, inaugurer un nouveau système de tarification, complètement dégagé de l'esprit commercial. Mais ne risquerait-il pas de commettre aussi des erreurs et des fautes dans ses réformes et son pouvoir exclusif serait-il sans dangers pour les finances publiques, sans dangers pour les intérêts du commerce et de l'industrie ? C'est une grave question.

TABLE DES MATIÈRES.

ORLÉANS. — IMP. ERNEST COLAS.

www.ingramcontent.com/pod-product-compliance
Lightning Source LLC
LaVergne TN
LVHW020245230826
846091LV00006B/2252
9782013458979